SAMMIE EXPLORES THE SOLAR SYSTEM

SAMMIE EXPLORA EL SISTEMA SOLAR

Copyright © 2023 Samuel John

zZZ

Sammie was learning about the solar system at school, but he was bored of staring at the pictures in his textbook. He kept almost falling asleep...

Sammie estaba aprendiendo sobre el sistema solar en la escuela, pero estaba aburrido de mirar las imágenes de su libro de texto. Casi se quedó dormido...

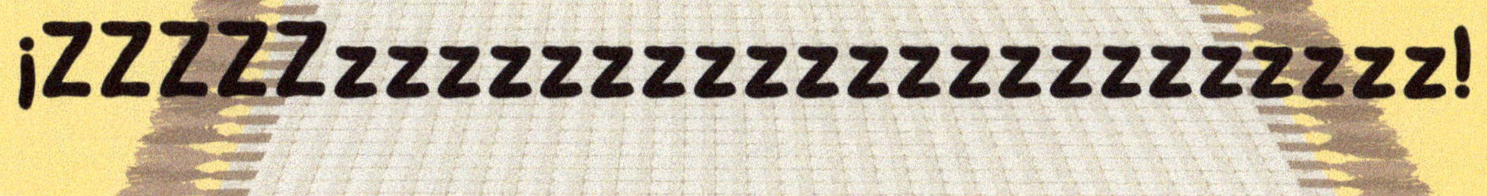

So, when he got home, Sammie decided to build his own rocket ship to explore the planets for himself. Thanks to some cardboard boxes, a lot of tape, and a little paint, it was ready in no time!

Entonces, cuando llegó a casa, Sammie decidió construir su propia nave espacial para explorar los planetas por sí mismo. Gracias a algunas cajas de cartón, mucha cinta adhesiva y un poco de pintura, ¡estuvo lista en muy poco tiempo!

As Sammie carried his rocket ship out to the garden, a shooting star whizzed across the sky, and his wish came true. THREE! TWO! ONE! TAKE OFF!

Cuando Sammie llevó su cohete espacial al jardín, una estrella fugaz brilló en el cielo y su deseo se hizo realidad. ¡TRES! ¡DOS! ¡UNO! ¡DESPEGUE!

The rocket ship shook and shimmied. It groaned and gurgled. It whizzed and whirred. Then BLAST! It shot up into the sky.

La nave espacial se sacudió y se estremeció. Silbaba y zumbaba. Entonces, ¡ZAS! Se disparó hacia el cielo.

Up and up and up Sammie went, until his house was just a little dot on the ground. Before long, even the Earth seemed small!

Sammie subió y subió, hasta que su casa fue solo un pequeño punto en el suelo. ¡En poco tiempo, incluso la Tierra parecía pequeña!

But Sammie couldn't concentrate on the Earth yet. He
had to start with the first planet in the solar system –
Mercury.

____

Pero Sammie no podía concentrarse en la Tierra. Tenía
que visitar el primer planeta del sistema solar, el más
cercano al Sol: Mercurio.

Did you know that Mercury is also the fastest planet in the solar system? It orbits the Sun in just 88 days.

¿Sabías que Mercurio es también el planeta más rápido del sistema solar? Gira alrededor del Sol en solo 88 días.

Next comes Venus, the hottest planet out of the eight. It was so hot that Sammie managed to roast a marshmallow from his rocket ship!

Luego viene Venus, el planeta más caliente de los ocho. ¡Hacía tanto calor que Sammie logró asar un malvavisco desde su cohete espacial!

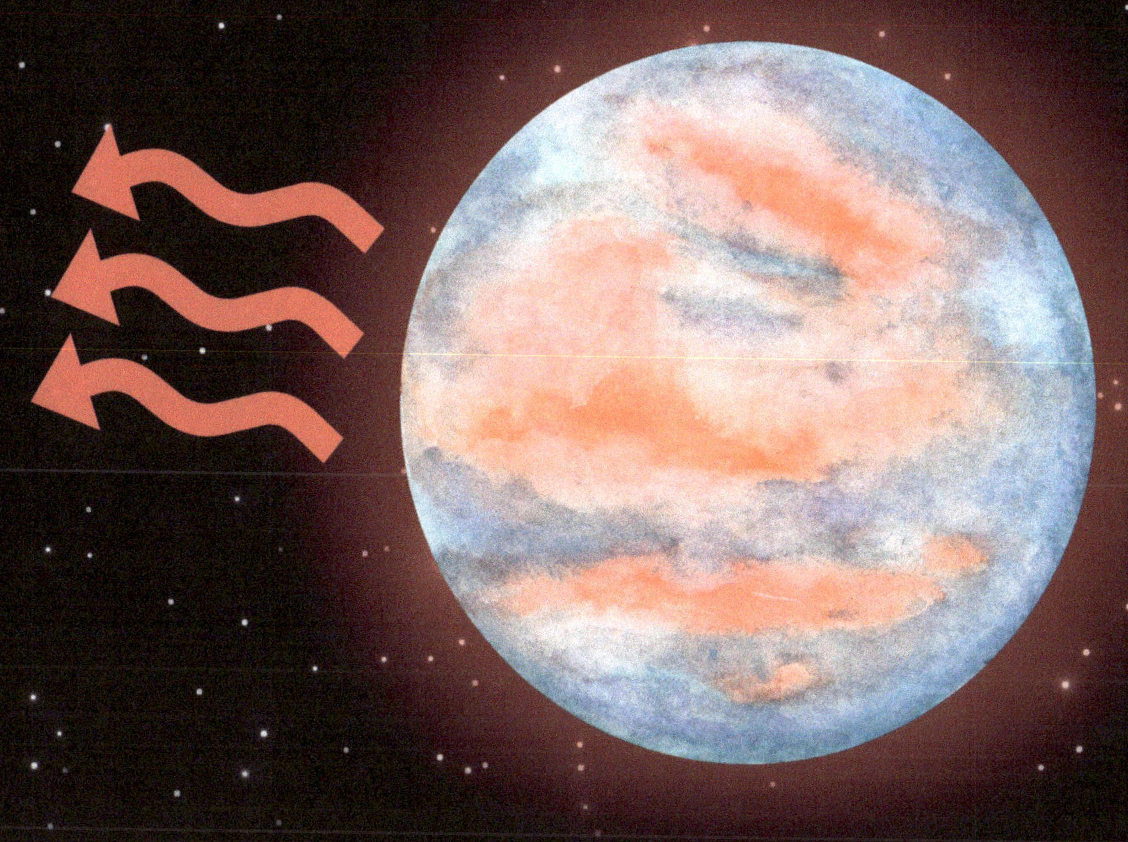

It takes 225 days for Venus to complete a trip around the Sun.

Venus tarda 225 días en completar un viaje alrededor del Sol.

Now, it was time to fly past Earth again. Our planet is the only one in the solar system with any life on it... unless Sammie meets any aliens on his adventure.

Ahora, era el momento de volar más allá de la Tierra nuevamente. Nuestro planeta es el único en el sistema solar con vida en él... a menos que Sammie se encuentre con extraterrestres en su aventura.

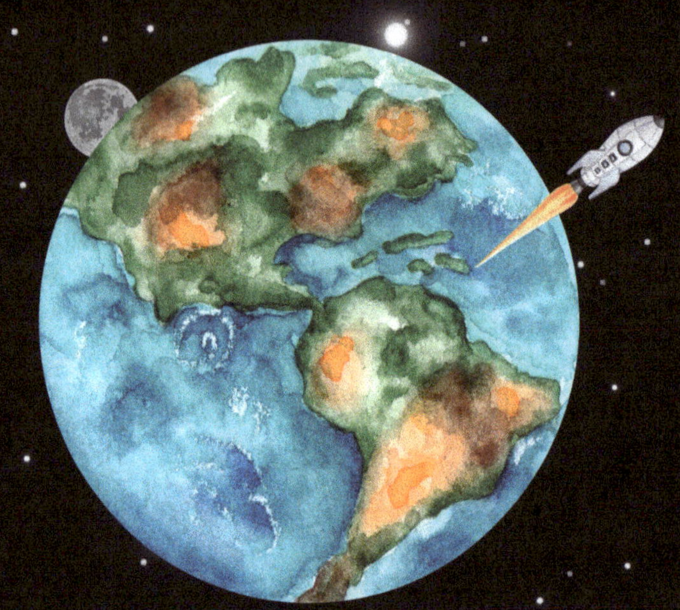

Earth goes around the Sun in 365 days, which is why there are 365 days in a year.

La Tierra gira alrededor del Sol en 365 días, por eso un año tiene 365 días.

The fourth planet in the solar system is called Mars. Its nickname is also the Red Planet because of the color of the surface.

El cuarto planeta del sistema solar se llama Marte. También es conocido como el Planeta Rojo, debido al color de su superficie.

It has two moons called Phobos and Deimos. It takes 687 days for Mars to orbit the Sun.

Tiene dos lunas, llamadas Fobos y Deimos. Marte tarda 687 días en orbitar alrededor del Sol.

Next up is Jupiter – the biggest planet in the solar system. Jupiter is actually more than double the size of all the other seven planets put together! It is made up of gas instead of a hard surface like the Earth.

El siguiente es Júpiter, el planeta más grande del sistema solar. ¡Júpiter tiene más del doble del tamaño de los otros siete planetas juntos! Está hecho de gas, en lugar de tener una superficie dura como la de la Tierra.

Jupiter needs a whole 4,333 days to go completely around the Sun.

Júpiter necesita un total de 4.333 días para dar una vuelta completa al Sol.

Saturn is the sixth planet in the solar system. It is famous for the rings we can see around the middle. It looks like Sammie when he tries to use a hula hoop!

Saturno es el sexto planeta del sistema solar. Es famoso por sus grandes anillos. ¡Se parece a Sammie cuando intenta usar un hula hoop!

Saturn takes 10,759 days to orbit the Sun!

¡Saturno tarda 10.759 días en orbitar alrededor del Sol!

The next planet is called Uranus. Scientists say that Uranus is an ice giant, so Sammie made sure to put his gloves and a scarf on before visiting.

El siguiente planeta se llama Urano. Los científicos dicen que Urano es un gigante de hielo, por lo que Sammie se aseguró de ponerse los guantes y la bufanda antes de visitarlo.

Did you know that Uranus has 27 different moons, and it takes 30,687 days to go around the Sun?

¿Sabías que Urano tiene 27 lunas diferentes y tarda 30.687 días en dar una vuelta al Sol?

Last, but not least, we have Neptune. This is the farthest planet from the sun. It is named after the Roman god of the sea.

Por último, pero no menos importante, tenemos a Neptuno. Este es el planeta más alejado del sol. Lleva el nombre del dios romano del mar.

There are always strong winds and storms on Neptune, but it is also the slowest planet in the solar system. It takes 60,190 days to orbit the Sun!

Siempre hay fuertes vientos y grandes tormentas en Neptuno. Es el planeta más lento del sistema solar. ¡Necesita 60.190 días para orbitar alrededor del Sol!

It was finally time for Sammie to take his rocket ship back home.

Until the next adventure, of course...

Finalmente llegó el momento de que Sammie regresara a casa.

Hasta la próxima aventura, por supuesto...

Mercury

Venus

Earth

Mars

Mercurio

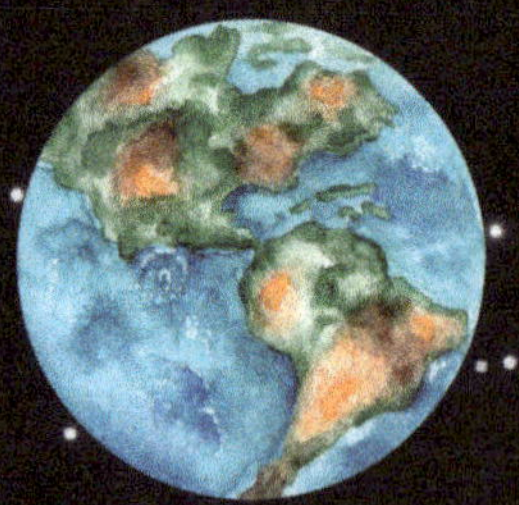

Venus

Tierra

Marte

Jupiter
Saturn
Uranus
Neptune
Júpiter
Saturno
Urano
Neptuno

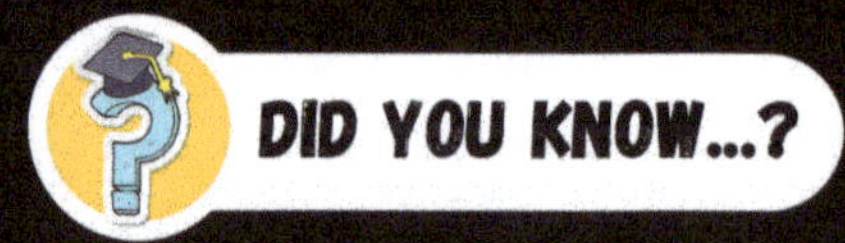

There used to be a ninth planet in the solar system called **Pluto**. But scientists decided that it didn't have the necessary characteristics to call it a planet, so now they call it a dwarf planet.

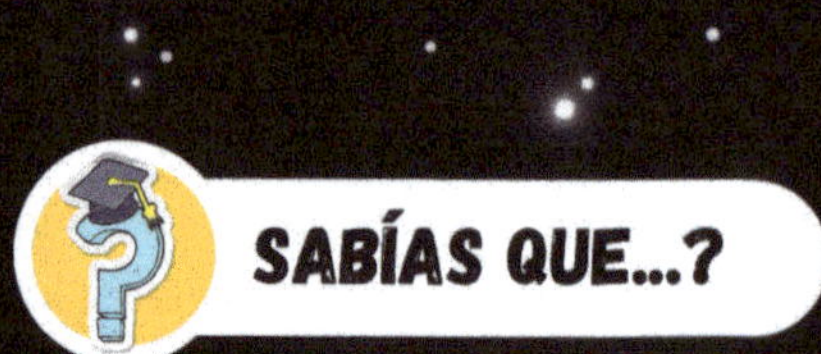

Hubo un noveno planeta en el sistema solar llamado **Plutón**. Pero los científicos decidieron que no tenía las características necesarias para llamarlo planeta, por lo que ahora lo llaman planeta enano.

I want to ask you a favor so that this book reaches more people, and that is that you rate it with a sincere opinion on the platform where you purchased it.

With that small gesture, you will be helping me to carry on with new projects.

I can't wait to start creating my next book for you!

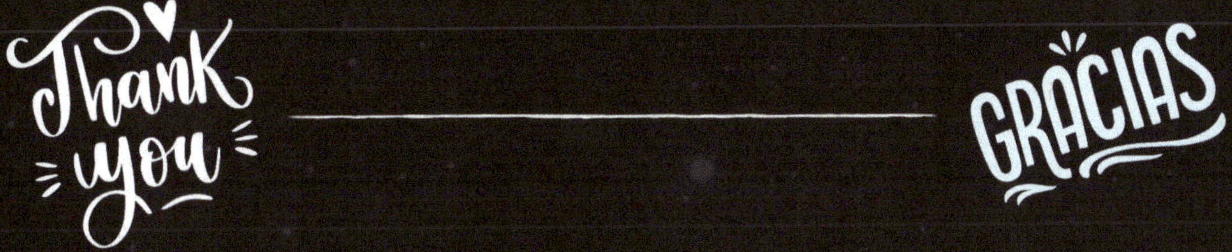

Quiero pedirte un favor para que este libro llegue a más personas, y es que lo valores con una sincera opinión en la plataforma donde lo hayas adquirido.

Con ese pequeño gesto me estarás ayudando a continuar con nuevos proyectos.

¡Estoy deseando empezar a crear mi próximo libro para ti!

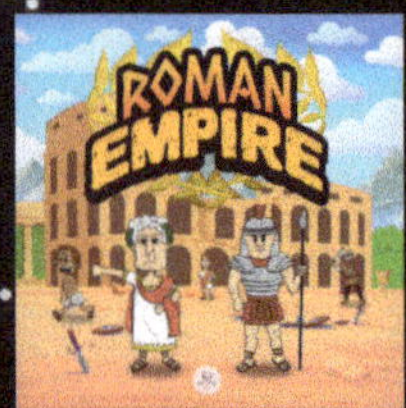

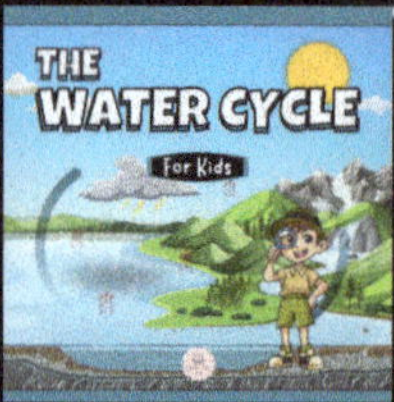

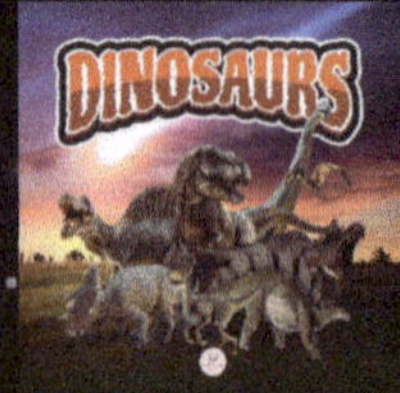
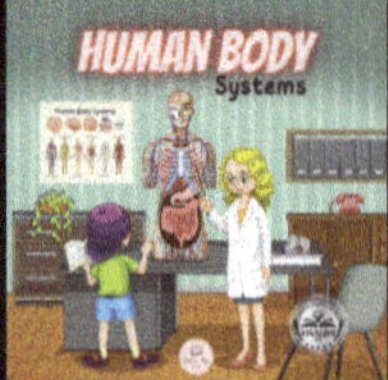
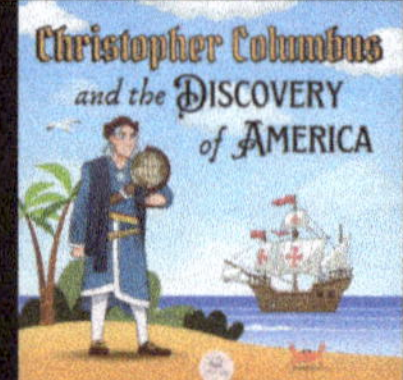
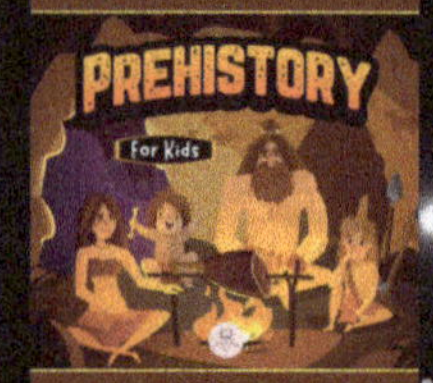
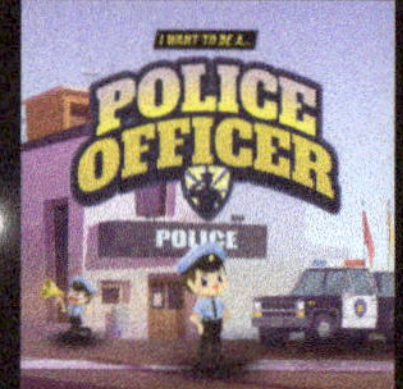

LEARN WITH OUR
EDUCATIONAL CHILDREN'S BOOKS

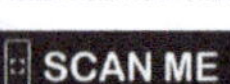

APRENDE CON NUESTROS
LIBROS INFANTILES EDUCATIVOS

Samuel John
BOOKS

www.pge.me/childrensbooks
contacto@samueljohnbooks.com
www.facebook.com/bookssamueljohn/
www.amazon.com/author/samueljohnbooks